Die DDR – ein Witz?

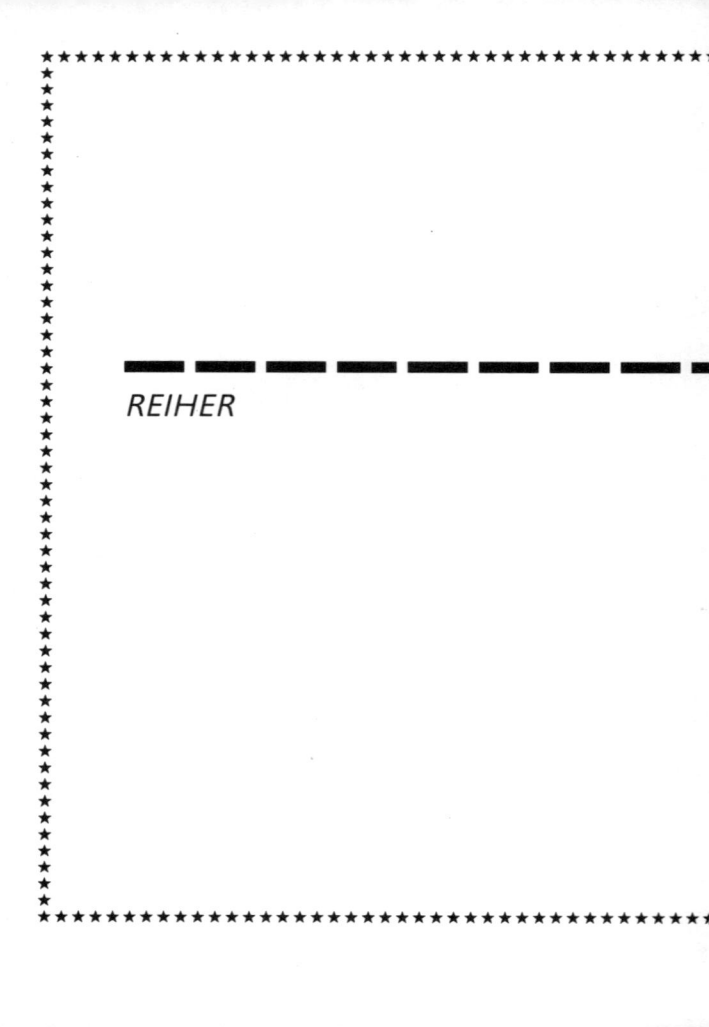

DIE DDR –
EIN WITZ?

*Witze aus dem DDR-Alltag
Zusammengestellt und herausgegeben
von Uwe Michael*

Die DDR – ein Witz? · Witze aus d. DDR-Alltag ·
Zsgst. u. hrsg. von Uwe Michael. · Berlin ·
Reiher Verl. GmbH, 1990. · 78 S.

ISBN 3-910163-14-9

© Reiher Verlag GmbH Berlin 1990
Printed in Germany
Typo-Designer: Uwe Niekisch
Umschlagillustration: Andreas Prüstel
Artdirection: Klaus Johne
Hersteller: Erika Piper
Druck und Bindearbeit:
Dresdner Druck- und Verlagshaus GmbH

Vorwort

> Es sitzt ein Vogel auf dem Leim,
> er flattert sehr und kann nicht heim.
> Ein schwarzer Kater schleicht herzu,
> die Krallen scharf, die Augen gluh.
> Am Baum hinauf und immer höher
> kommt er dem armen Vogel näher.
>
> Der Vogel denkt, weil das so ist
> und weil mich doch der Kater frißt,
> so will ich keine Zeit verlieren,
> und noch ein wenig quingquilieren
> und lustig pfeifen wie zuvor.
> Der Vogel scheint mir, hat Humor.
>
>   (Wilhelm Busch)

Altmeister Wilhelm Busch führt Humor auf eine Situation zurück, da anderes auch nicht mehr hilft. Der gefräßige und selbstsichere schwarze Kater, um beim Bilde Buschs zu bleiben, ist humorlos. Selbst wenn er sich noch etwas am hilflosen Herumgeflatter eines Vogels auf dem Leim ergötzen mag, seine Stimmung rangiert eher unter der Kategorie Sadismus. Humor ist etwas für Leute, die ihn brauchen.

Eine der unsinnigsten Hypothesen – alle wußten ja um ihre Unsinnigkeit – war die, im ehemaligen Zentralkomitee der SED hätte es eine Witzabteilung gegeben. Das ZK war die Macht in Partei und Staat, und die Macht macht manches – aber keine Witze. Wer sich auf Macht stützt, ist ohne Humor, wer aber die Macht zu spüren bekommt, kann ohne ihn nicht auskommen. Es nimmt daher nicht wunder, daß ein Teil der Witze durchaus auch im Parteiapparat entstanden ist, denn niemand war mehr der Macht ausgesetzt, als der »Apparatschik«. Sein Witz diente vor allem dazu, schlechtes Gewissen zu beruhigen.

Wohlgemerkt geht es dem Herausgeber mit diesem Büchlein nicht um Späßchen, Nonsens oder Quatsch, die weltweit zum Lachen anregen, sondern um etwas DDR-Typisches. Der politische Witz in der vierzigjährigen DDR-Geschichte war weder gewollt noch gesteuert – er war der Humor der politisch Hilflosen, die auf dem »Leim festsaßen«. Er richtete sich gegen die bestehenden Verhältnisse. Und weil die Machtstrukturen – selbst in ihrer personellen

Inkarnation – über die Jahre gleich blieben, änderten sich auch die politischen Witze kaum. Je nach innerer Spannung im Lande fielen sie mal bissiger und böswilliger, mal gemütlicher und versöhnlicher aus. Aber Wohlwollen oder gar »historischer Optimismus« sind darin nicht zu finden. Die Witze waren ein Produkt der zweiten Kultur im real existierenden Sozialismus, der Kultur der Unterdrückten – öffentlich nicht hörbar, nur an Stammtischen, in Büroräumen oder auf Familienfeiern guten Freunden zugeraunt. Doch wo es zwei Kulturen gibt, da ist kein Sozialismus. Vielmehr wurde »real existierender Sozialismus« mit »Sozialismus« verwechselt – das ist ja der Witz.

Als die Mächtigen schließlich die alte russische Weisheit in den Wind schlugen »Wer nicht mit der Zeit geht, der muß mit der Zeit gehen« und jeden beargwöhnten, der ahnungsvoll das Steuer aus der Arretierung lösen wollte, nahmen die Witze Ende der 80er Jahre an Schärfe zu, bis der Vulkan des Volkswitzes endlich im Herbst 1989 zum Ausbruch kam und die Alteingesessenen von ihren Sesseln schwemmte. Das wurde komischerweise auch noch als revolutionäre Erneuerung und als Wende bezeichnet.

★★★★★★★★★★★★★★★★★★★★★★★★★★★★★★★★★★★★★★

Seitdem bleiben die Witze aus, denn die Verhältnisse sind chaotisch. Offensichtlich ist der Witz an bestimmte Strukturen gebunden, und im Augenblick ist noch nicht entschieden, wer künftig die Witze macht und auf wessen Kosten.

Aber eines ist wohl entschieden: Worüber in vierzig Jahren DDR gewitzelt wurde, das wird nie wiederkehren. Lassen wir es dahingestellt sein, ob sich die Hierbleiber davon leichter oder schmerzlicher trennen. Die Deutsche Demokratische Republik, die diese Witze hervorgebracht hatte, ist unwiderruflich Geschichte. Für uns alle ist es aber auch die Geschichte unseres eigenen Lebens, und die ist schwer zu bewältigen. Aber wer darüber lachen kann, der hat es schon fast geschafft.

So gesehen ist dieses Büchlein eine Art Selbstfindung – eine, beileibe nicht die einzige, aber ohne diese geht es auch nicht. Manch einer wird mir verbissenen Gesichtes Vorhaltungen machen, wie ich nur könne ... Das sind Leute, die früher keinen Humor brauchten und heute also keinen haben, oder nur in Ansätzen.

Keinen der vorliegenden Witze habe ich mir ausgedacht. Gedruckt habe ich sie nie gesehen. Es ist Abgehörtes, um dieses Wort auch endlich einmal in witziger Weise zu verwenden. Die Autoren oder die ursprüngliche Fassung der Witze sind mir unbekannt.

Ich danke Euch, namenlose Humoristen: Ihr habt unser Leben etwas erheitert, und das war nicht wenig. Wir werden den Witz noch bitter nötig haben. Da kommt doch schon der nächste Kater ...

Uwe Michael, Berlin, März 1990

In der DDR leitete man jeden politischen Witz folgendermaßen ein:
»Ich bekämpfe zur Zeit folgenden Witz ...«

Eine Maus flüchtet vor einer Katze. Als sie unter einer Kuh durchrennt, läßt diese gerade einen großen Fladen fallen, unter dem die Maus begraben wird. Die Maus strampelt darin herum, die Katze holt sie aus dem Fladen heraus und frißt sie. Was lehrt uns das?
1. Nicht jeder, der dich anscheißt, ist dein Feind!
2. Wenn du schon in der Scheiße sitzt, dann verhalte dich wenigstens ruhig!
3. Nicht jeder, der der dich aus der Scheiße rausholt, ist dein Freund!

Eine Schnecke und eine Ziege verabreden eine Wette, wer von ihnen eher im Ministerrat eintrifft. Frage: Wer ist schneller?
Antwort: Die Schnecke natürlich. Kriechen muß man, nicht meckern!

»Vati, kannst du mir den Unterschied zwischen Partei, Regierung, FDJ und Gewerkschaft erklären?«
»Die Partei, du mußt dir das vorstellen wie in unserer Familie, ist Mutti. Die weiß alles und hat immer recht. Vati ist die Regierung: Die macht das, was die Partei sagt. Na, und die FDJ, das wärst du. Wir fragen immer, was du dazu sagst, und dann hilfst du auch, wie zum Beispiel als dein kleiner Bruder geboren wurde. Da hatten wir dich vorher informiert, und du hattest dich mächtig gefreut und gesagt, daß du ihn auch liebhaben wirst. Was wir dir nicht gesagt hatten, war, daß er schon unterwegs war.«
»Und wie ist das mit der Gewerkschaft?«
»Die Gewerkschaft ist wie Oma. Sie hat keine rechte Ahnung, redet aber immer mit und hat eigentlich nichts zu sagen!«
(70er Jahre)

Der Kombinatsdirektor fordert vom Betriebsdirektor den Stand der Planerfüllung ab. Es kommen nicht mehr als 60% heraus. Meint der Kombinatsdirektor: »Wir rechnen 80% ab, nimmst du 10% auf deine Kappe, nehme ich 10% auf meine

Kappe.« Der Minister ist mit 80% unzufrieden. Er müsse Stoph schon 100% melden. Nimmt der Minister 10% auf seine Kappe, nimmt der Kombinatsdirektor 10% auf seine Kappe. Stoph ist mit 100% unzufrieden. Man einigt sich: 10% nimmt der Minister, 10% nimmt Stoph auf seine Kappe. Also werden Honecker 120% Planerfüllung gemeldet. »Prima«, sagt Honecker, »läuft ja wie geplant. Davon gehen jetzt 60% in den Export und 60% sind für den Bevölkerungsbedarf!«
(1982)

SCHRIFTSTELLER UND KÜNSTLER! BEREICHERT MIT EUREN WERKEN UNSER SOZIALISTISCHES LEBEN!

(Mailosung)

Ein Künstler geht im Grenzgebiet spazieren. Kommt ein Volkspolizist und fordert ihn auf: »Weisen Sie sich aus!«
Erstaunte Frage des Künstlers: »Was denn, müssen wir das denn auch schon selber machen?«
(1977)

Häschen kommt in den Plattenladen und fragt
den Verkäufer:
»Hattu Platten von Biermann?«
»Aber Häschen, die sind doch verboten.«
Am nächsten Tag kommt Häschen wieder und
fragt:
»Hattu wirklich keine Platten von Biermann?«
»Aber Häschen, ich habe dir doch gesagt,
daß die verboten sind.«
Am dritten Tag kommt Häschen wieder,
und an der Ladentür hängt ein Schild:
»Aus technischen Gründen geschlossen«.
Sagt Häschen: »Siehste,
hattu doch Platten von Biermann gehabt!«
(1977)

ANGEHÖRIGE DER SCHUTZ- UND SICHERHEITSORGANE! REVOLUTIONÄRE WACHSAMKEIT – EUER KLASSENAUFTRAG

(Mailosung)

Die Staatssicherheit hat herausgefunden, wer die politischen Witze macht. Sie meldet es Kurt Hager, dem für Ideologie Verantwortlichen. Der denkt: Gehst mal selber hin und unterhältst dich mit dem Mann. Er geht also hin und fragt ihn:
»Sind Sie wirklich derjenige, der die politischen Witze in der DDR macht?«
»Ja, der bin ich.«
»Aber sehen Sie doch mal junger Mann, das ist doch völlig unnütz! Das Volk steht doch voll und ganz hinter Partei, Staat und Regierung!«
Bricht der Witzemacher in Lachen aus:
»Ha, ha, der ist aber ausnahmsweise nicht von mir!«

Jeder hat seine Leidenschaft: Honecker sammelt politische Witze – Mielke die Verfasser!

Auf einer Expeditionsreise wird eine Mumie ausgegraben und zur Untersuchung in die DDR gebracht. Die Wissenschaftler bekommen aber nicht heraus, wie alt die Mumie ist und um wen es sich dabei handelt. Schließlich wird die Stasi gerufen. Ein Stasi-Mann bleibt eine Stunde bei der Mumie. Als er heraus kommt, sagt er:
»Sie ist 4327 Jahre alt und heißt Remos.«
»Toll«, jubeln die Wissenschaftler, »aber wie haben Sie das rausgekriegt?«
»Sie hat gestanden!«

Werbeslogan des Ministeriums für Staatssicherheit:
»Kommen Sie zu uns, bevor wir zu Ihnen kommen!«

In Berlin wurde ein neues Taxiservice-System eingeführt. Die alten Taxichauffeure wurden entlassen, und jetzt fahren Stasi-Mitarbeiter. Der Vorteil für die Kunden: Nur noch Personenkennzahl angeben, und schon werden sie zu ihrer Wohnung gefahren!

★★

Erich Mielke schaukelt seinen dreijährigen Urenkel auf den Knien und fragt ihn:
»Na, mein Kleiner, was willst du denn mal werden, wenn du groß bist?«
»Aber Uropa! Natürlich Minister für Staatssicherheit.«
Darauf Mielke:
»Aber nicht doch, du Schlingel, das bin ich doch schon!«

Ein Soldat sitzt in der Straßenbahn. Es wird voll. Ein Major kommt rein, und der Soldat bietet ihm, wie er es gelernt hat, seinen Platz an.
»Bleiben Sie sitzen!« sagt der Major wohlwollend. An der nächsten Haltestelle will der Soldat wieder den Platz anbieten, worauf der Major ihn wieder auf seinen Platz zurückschiebt. Das geht noch einige Male so.
»Ich habe Ihnen doch gesagt, daß Sie sitzenbleiben sollen!« meint der Offizier schließlich gereizt.
»Ja, Genosse Major, aber inzwischen muß ich schon 5 Haltestellen zurücklaufen!«

Werbeslogan bei der Deutschen Volkspolizei:
»Warum denn erst den Umweg über die Schule?
Kommen Sie doch gleich zu uns!«

Frage: Wie öffnet ein Polizist
eine Konservendose?
Antwort: Er klopft an und ruft:
»Aufmachen, Deutsche Volkspolizei!«

Ein Arzt, ein Jurist und ein Hilfsschullehrer sitzen im Polizeipräsidium und wollen sich ihre Ausreiseanträge bestätigen lassen. Der Arzt und der Jurist müssen unverrichteter Dinge das Dienstzimmer verlassen. Der Hilfsschullehrer kommt fröhlich, den bestätigten Antrag schwenkend heraus. Fragen ihn die beiden anderen, wie er das denn fertiggebracht habe.
»Ganz einfach«, sagt der Hilfsschullehrer, »ich rein, grüß dich, mach's so, wie du es bei mir gelernt hast: Hier kommt der Stempel hin und hier deine Unterschrift!«

Frage: Was sind die drei schwersten Jahre im Leben eines Polizisten?
Antwort: Die 1. Klasse!

Die spektakulärste Republikflucht in der Geschichte der DDR: Volkspolizist springt im Intershop kühn über den Ladentisch und bittet um politisches Asyl.

Zwei Polizisten stellen am Alexanderplatz erstaunt fest, daß an einer Würstchenbude steht: »Senf umsonst« und an einer anderen »Senf kostenlos«. Der Unterschied will ihnen nicht einleuchten. Darauf wenden sie sich an einen Studenten und fragen ihn. Die Antwort des Studenten: »Wenn ich studiere, ist das kostenlos, wenn Ihr studieren würdet, so wäre das umsonst!«

Laufen zwei Volkspolizisten Streife im Neubaugebiet und verlaufen sich. Sagt der eine zum anderen: »Geh mal gucken, ob hier irgendwo ein Straßenschild zu finden ist, damit wir wieder wissen, wo wir sind!«
Nach einer Weile kommt der andere zurück und sagt, daß er nun wisse, in welcher Straße sie sich befinden. Es sei der »Weg mit dem NATO-Raketenbeschluß!«

(1983)

Der Leiter einer VP-Dienststelle hat endlich die Polizistenwitze satt. Er läßt seine Genossen antreten und belehrt sie, sich ordentlich zu benehmen. Damit alles seine Ordnung hat, läßt er alle anschließend in einer Liste die Belehrung unterschreiben. Aber Polizist Meier fehlt. »Wo ist Meier?« brüllt er. Sagt ihm die Sekretärin: »Meier ist krank, hat Mittelohrentzündung!« »Geht das schon wieder los«, stöhnt der Polizeioffizier, »unsere Genossen Polizisten haben wie jeder andere Mensch ein linkes und ein rechtes Ohr, aber doch kein Mittelohr!«

★★★★★★★★★★★★★★★★★★★★★★★★★★★★★★★★★★★★★★★

WEITER VORAN AUF DEM BEWÄHRTEN KURS DER EINHEIT VON WIRTSCHAFTS- UND SOZIALPOLITIK

(Mailosung)

Die drei größten Wirtschaftsexperten der DDR:
Erich Honecker
Günter Mittag
Reiner Zufall

»Hast du schon gehört, die Honecker-Bilder sollen überall abgenommen werden.«
»Nein, warum denn das?«
»Um ihm die Brille zu putzen.«
»?«
»Weil er nicht mehr durchsieht!«

Frage: Warum ist die Banane krumm?
Antwort: Damit sie um die DDR einen Bogen machen kann!

(60er Jahre)

Häschen kommt in den Fischladen:
»Hattu Aal?«
»Nein Häschen!«
Am nächsten Tag fragt Häschen wieder:
»Hattu Aal?«
»Nein Häschen!«
Das wiederholt sich an den folgenden Tagen.
Schließlich reicht es dem Verkäufer:
»Häschen, wenn du nochmal nach Aal fragst,
nagel' ich dich hier an die Wand!«
Häschen guckt zur Wand,
wo ein Honecker-Bild hängt und sagt:
»Hattu auch nach Aal gefragt?«

Kommt einer in das Einrichtungshaus am Alexanderplatz und fragt eine Verkäuferin: »Haben Sie hier denn keine Schuhe?«
»Nein«, sagt die Verkäuferin, »hier gibt es keine Möbel, keine Schuhe gibt es gegenüber im Centrum-Warenhaus!«

Im Centrum-Warenhaus am Hauptbahnhof wird rekonstruiert. Danach gibt es in den neuen 3 Etagen ein neues Angebot:
1. Etage: Intershop
2. Etage: Delikat und Exquisit
3. Etage: Ständige Fotoausstellung »Obst und Gemüse«

ELTERN, LEHRER UND ERZIEHER! ZIEL DES GEMEINSAMEN WIRKENS: DIE KOMMUNISTISCHE ERZIEHUNG DER JUGEND

(Mailosung)

Stehen zwei Berliner Jungen an der Mauer.
Der eine im Westteil,
der andere im Ostteil der Stadt.
Ruft der aus dem Westen rüber:
»Ätsch, wir haben Bananen!«
Antwortet der aus dem Osten:
»Ätsch, wir haben Sozialismus!«
Der aus dem Westen: »Ätsch, den
können wir auch haben, wenn wir wollen!«
Der aus dem Osten: »Ätsch, dann habt ihr
auch keine Bananen mehr!«

★★★

Abschlußprüfung im Fach Ornithologie an der Universität. Dem Prüfling werden drei Paar Vogelbeine gezeigt, die er den entsprechenden Vogelarten zuordnen soll. Er kommt nicht weiter, sitzt und schwitzt. Der Professor will ihm eine Hilfestellung geben:
»Na, denken Sie nach, was haben wir Ihnen beigebracht, was haben Sie denn immer wieder gehört?«
Sagt der Student: »Herr Professor, ich glaube nicht, daß das die Beine von Marx, Engels und Lenin sind!«

Frage: Was ist der Unterschied zwischen der Volksbildung in der DDR und dem Pariser Eiffelturm?
Antwort: Beim Eiffelturm ist die größte Niete ganz unten!

GESUNDE UND LEBENSFROHE MENSCHEN – UNSER HUMANISTISCHES ZIEL

(Mailosung)

Auf einer Entbindungsstation wurden Babys von 4 Müttern, einer aus den USA, einer aus Frankreich, einer aus der UdSSR und einer aus der DDR, verwechselt. Um sie wieder richtig zuzuordnen, lassen sich die Mütter was einfallen. Die Amerikanerin hält allen vier Babys eine Flasche Whisky unter die Nase. Das am meisten juchzende und strampelnde Baby ist natürlich das ihre. Die Französin hält den restlichen dreien eine Flasche gutes Parfüm unter die Nase. Ein Baby lächelt darauf genießerisch, natürlich das französische. Die Russin ruft den beiden übrigen das Wort »Perestroika« zu, und schon hat sie ihr Kind herausgefunden. Fragt die DDR-Mutter, woran sie das denn erkannt habe. Gejubelt hätten doch beide bei dem Wort Perestroika. »Ja«, sagt darauf die Russin, »gejubelt haben beide, aber Deines hat sich dabei noch in die Hosen gemacht!«
(1988)

Frage: Welche Kirche ist die größte der Welt?
Antwort: Die Zionskirche – durch die Tür geht man rein und kommt in Gießen wieder raus!
(1988/89)

Brandt und Adenauer ließen Ulbricht mitteilen, daß sie mit ihm auf keinen Fall Skat spielen würden. Er reize nur bis 13 und finge danach sofort zu mauern an.

(1961)

Ulbricht kommt in den Himmel. Petrus läßt ihm die Wahl, ob er in den sozialistischen oder in den kapitalistischen Himmel möchte.
»Natürlich in den sozialistischen«, sagt Ulbricht.
»Na gut«, sagt Petrus, »aber zum Essen mußt du in den kapitalistischen rüberkommen, für einen allein lohnt es nicht, dort zu kochen!«

(1973)

Klein-Fritzchen wird in der Schule gefragt, ob man denn daheim auch nicht Westfernsehen sehe. »Aber nein«, sagt er ganz entschieden, »nur montags schalten wir manchmal um, zum alten Film!«

(1976)

Jemand möchte einige Tage blaumachen, weiß aber nicht, wie er es anstellen soll. Ein Kumpel rät ihm, zum Arzt zu gehen, sich einen Hunderter auf die Schulter zu legen und sich wegen Schmerzen krankschreiben zu lassen. Der Patient ist aber knauserig und legt sich nur einen 50-Mark-Schein rauf. Der Arzt untersucht ihn, schreibt ihn aber nicht krank, sondern rät ihm zu warten, bis der rote Fleck blau geworden ist.

Eines Tages scheitert die Perestroika, und Gorbatschow geht in Rente. Um sich die Zeit zu vertreiben, züchtet er Faultiere, da er durch seine frühere Arbeit Erfahrung mit dieser Tierart hat. Er trifft sich mit Reagan, der, ebenfalls in Rente, Stinktiere züchtet, da sie ihn an seine frühere Politikerlaufbahn erinnern. Als sie sich über Zucht unterhalten, fragt Reagan: »Du Gorbi, ich habe gehört, daß der Honecker Funktionäre züchtet. Was ist denn das, ein Funktionär?« Antwortet Gorbi: »Du mußt Dir vorstellen so eine Art Kreuzung aus Eurer und unserer Zucht!«
(1988)

Die Polizei will den Autofahrer ermitteln, der am vorschriftsmäßigsten fährt, um dem Fahrer eine Prämie zu überreichen. Die Polizei stoppt schließlich ein Auto, das besonders vorsichtig fährt. Man fragt den Fahrer, was er denn mit dem Geld machen werde. Antwortet der: »Erstmal den Führerschein!« Sagt die Frau neben ihm, die nicht mitbekommen hat, worum es geht: »Ich hab dir ja gleich gesagt, du sollst nicht besoffen fahren!« Jammert die Oma auf dem Rücksitz: »Siehste, nun haben wir den Salat. Daß du auch immer Autos klauen mußt!« Davon wacht der Opa neben ihr auf und fragt: »Was denn, sind wir schon im Westen?«

(70er Jahre)

Lieber im Schlauchboot nach Hamburg, als mit der »Arkona« nach Havanna!

(1988)

DDR-Fußballnationalmannschaft:
»Buschners Rasenkomiker«

(70er Jahre)

Fußball-Oberliga: Die Spiele der Oberliga wurden verboten – weil in der DDR öffentliche Glücksspiele untersagt sind!

AUF DEM KURS DES IX. PARTEITAGES – VORWÄRTS ZUM 30. JAHRESTAG DER DDR!

(Mailosung 1979)

Zum 20. Jahrestag der DDR wurde eine Plakette herausgegeben, auf der stand: »DDR XX«.
Fragte jemand, was man wohl zum 30. Jahrestag machen würde?
Antwort: »Na, drei Kreuze!«

Als erstes Joint venture war in den 70er Jahren eine gemeinsame Ladenkette von »Neckermann« und »HO« vorgesehen. Aber daraus wurde dann doch nichts. Warum? Na, wegen des gemeinsamen Namens: »HO-Necker!«
(1987)

Neuer Name für DDR-Bürger: »Iwan de Luxe«.
(70er Jahre)

★★★★★★★★★★★★★★★★★★★★★★★★★★★★★★★★★★★★★★★

Die drei mächtigsten Staaten der Erde
fangen mit dem Buchstaben »U« an:
UdSSR
USA
Unsere Deutsche Demokratische Republik

In der DDR wurde der erste Supercomputer
entwickelt. Ihm werden alle Werke Lenins und
alle Daten über die DDR eingegeben. Anschließend fragt man den Computer, wie weit die
DDR noch vom Kommunismus entfernt ist. Antwort des Computers: 3 Kilometer! Großer Jubel
im Politbüro. Honecker ist jedoch mißtrauisch.
Er fragt vorsichtshalber nochmal den bedeutendsten Historiker, ob sich vielleicht der Computer geirrt habe. Aber der Historiker bestätigt:
Lenin hat gesagt, daß jeder Fünfjahrplan ein
Schritt in Richtung Kommunismus sei.

BRÜDERLICHE GRÜSSE DEM SOWJETVOLK UND SEINER FÜHRENDEN KRAFT, DER KPdSU!

(Mailosung)

Die »Prawda« kostet 4 Kopeken (13 Pfennige),
das »Neue Deutschland« jedoch 15 Pfennige.
Warum ist das »ND« teurer?
Antwort: Wegen der Übersetzungskosten!

(70er Jahre)

Alle Länder verpflichten sich aus Anlaß
des UNO-Jahres des Elefanten, ein Buch über
Elefanten herauszugeben.
USA – »Der Elefant und der amerikanische way
of life«
Japan – »Der elektronische Elefant«
Frankreich – »Das Liebesleben des Elefanten«
UdSSR – »Der Elefant und die Große Sozialistische Oktoberrevolution« (3 Bände)
DDR – »Der DDR-Elefant als unverbrüchlicher
Freund des sowjetischen Elefanten« (10 Bände)

(70er Jahre)

Slogan der DDR-Führung:
Lieber die »Buran« im Himmel
als den »Sputnik« auf dem Tisch.

(1988)

WIR GRÜßEN DIE VÖLKER DER SOZIALISTISCHEN BRUDERLÄNDER

(Mailosung)

Ein polnischer und ein DDR-Grenzhund treffen sich auf der Streife an der Oder. Bittet der polnische, daß er mal rüber in die DDR darf, um sich mal so richtig vollzufressen. Als er wiederkommt, bittet der deutsche Grenzhund seinen polnischen Kollegen, auch mal rüber zu dürfen. Fragt dieser: »Aber was willst du denn bei uns? Da gibt es nichts zu fressen!«
Antwortet der deutsche: »Aber dafür kann ich bei euch wenigstens mal richtig bellen!«

(1980)

Ein Amerikaner, ein Russe und ein DDR-Bürger landen nach einem Schiffbruch auf einer weit entfernten Insel. Sie werden von Menschenfressern gefangengenommen und sollen in einem riesigen Topf gekocht werden.
»Na gut«, sagt der Häuptling, »eine Chance gebe ich Euch. Sagt mir, woher ihr kommt, und wenn ich das Land kenne, lasse ich euch frei.«
Der Amerikaner: »Amerika, Coca Cola, US-Navy, große Autos …«
Der Häuptling schüttelt den Kopf, und der Amerikaner muß in den Topf.
Der Russe: »Große Sowjetunion, Lenin, Wodka, Sputnik …«
Der Häuptling kennt auch dieses Land nicht, und der Russe muß in den Topf.
Der DDR-Bürger ist völlig entmutigt und sagt ganz kleinlaut: »Ich komme aus der DDR.« Der Häuptling freudig: »Natürlich kenne ich die DDR. Kleines Land mit großer Solidarität. Hat uns die feine Topf geschickt, und ich habe in Leipzig studiert!«

★★

DANK DEN FRAUEN UND MÜTTERN FÜR IHRE GROSSEN LEISTUNGEN IN BERUF UND FAMILIE

(Mailosung)

Vergleich zwischen einer Frau aus der BRD
und einer aus der DDR:
Die aus der BRD:
- an der rechten Hand 5 goldene Ringe,
- in der linken Hand die Autoschlüssel,
- vor sich das Einfamilienhaus,
- hinter sich die Traumreise.
Die aus der DDR:
- an der rechten Hand
  drei plärrende Kinder
- in der linken Hand
  das schwere Einkaufsnetz,
- vor sich die Parteiversammlung,
- hinter sich die Spätschicht.

Unterhalten sich zwei Männer:
»In meiner Ehe gibt es eine gute
Arbeitsteilung zwischen meiner Frau
und mir, so kommt es zu keinem Streit.
Ich entscheide die großen Dinge
und sie die kleinen.«
»Was wären denn die kleinen?«
»Na, ob wir neue Möbel kaufen,
wohin wir im Urlaub fahren usw.«
»Und die großen?«
»Na, ob wir für den Sozialismus
sind und für den Frieden...«

Ulbricht lernt ein wunderschönes junges
Mädchen kennen. Er umwirbt sie hartnäckig.
Schließlich gibt sie nach: »Also gut Walter,
ich werde deine Geliebte.
Aber unter einer Bedingung:
Du mußt die Mauer wieder abreißen!«
»Ach so«, lächelt Ulbricht,
»Du willst also unbedingt
mit mir alleine sein!«
(Ende 60er Jahre)

**JUGENDLICHE!
MIT HOHEN LEISTUNGEN IM FDJ-AUFGEBOT
DDR 40 –
VORWÄRTS ZUM »PFINGSTTREFFEN DER FDJ«!**

(Mailosung)

Die Pfingsttreffen der FDJ
nennt man auch ABBA-Festspiele:
Anreisen
Bumsen
Bumsen
Abreisen

Kampflosung zum Pfingsttreffen der FDJ:
»Dem Feind das Schwert –
dem Freund die Scheide«

BERLIN – HAUPTSTADT DER DDR

Frage: Warum werden die Berliner
nur noch auf dem Bauch liegend beerdigt?
Antwort: Damit ihnen der Zucker
nicht rausfällt,
der ihnen zeitlebens reingeblasen wurde!

****

Gorbatschow fragt Honecker, wie in der DDR
das Versorgungsproblem gelöst wird.
Honecker: »Ganz einfach, alles,
was wir haben, wird nach Berlin geschafft
und dort verkauft!«

An den Ausfallstraßen Berlins
wurden neue Schilder angebracht:
»Hier endet die Versorgungszone!«
(80er Jahre)

DDR =
Deutsche Dampf-Rodler (1968)
Draußen Dürfen'se Reisen (1988)
Der Doofe Rest (1989)

KREUZ UND QUER

Spare in der Not, da haste Zeit!

Hauptsache sparen, egal was es kostet!

Ein neues Spiel in den Behörden:
Büromikado – Alle setzen sich an ihren Schreibtisch,
und wer sich als erster bewegt,
hat verloren!

Werbespruch einer DDR-Consulting-Firma:
»Unsere Lösung – Ihr Problem!«

DDR-Einkaufsregel:
Was du heute kannst besorgen,
kaufe doppelt, denk an morgen!

Berliner Adressen:
   FDJ – Unter den Linden
   DFD – Clara-Zetkin-Straße
   CDU – Otto-Nuschke-Straße
   SED – Unterwasser Straße

Berliner Gebäude:
Fernsehturm – St. Walter
(wegen des Kreuzes,
das sich bei Sonnenschein auf der Kugel bildet)
Palast der Republik
   Palasto Protzo
   oder
   Edaka (Erichs Datsche am Kanal)
FDGB-Bundesvorstand
   Tischkasten
   oder
   Harrisburg
Außenministerium
   früher Winzerstuben, dann Fischerbastei

DDR-SPRICHWÖRTER

Lieber dreißig mal anstoßen,
als einmal anecken!

Lieber arm dran, als Bein ab!

Erich währt am längsten!

Der Axen im Haus erspart den Sindermann!

Unter Verner liefen!

Stoph bleibt Stoph!

DYNAMISCHES WACHSTUM DURCH BREITE ANWENDUNG UND EFFEKTIVE NUTZUNG DER SCHLÜSSELTECHNOLOGIEN

(Mailosung)

Eine japanische Wirtschaftsdelegation besucht die DDR. Nach dem Besuch wird der Leiter der Delegation gefragt, was ihm am besten in der Republik gefallen habe. Ohne sich lange zu besinnen, verweist er auf die drei sehr interessanten Museumsbesuche. Bei den Gastgebern verständnisloses Schulterzucken – man habe die Delegation entsprechend dem Programm doch nur in ein Museum geführt. Also wird noch einmal nachgefragt. Wieder behauptet der Gast, drei Museen gesehen zu haben, und er zählt sie auch auf:
Pergamon, Pentacon und Robotron.
(1983)

Zwei Schulfreunde
treffen sich nach vielen Jahren wieder.
Fragt der eine, in Großrundstrickanzug
Marke »Präsent 20« gekleidet, den anderen,
der einen Nadelstreifenanzug neuesten
Exquisit-Schnittes und einen Attachékoffer
trägt, wo er denn arbeite. »In der
Witzabteilung des ZK.«
»Sag bloß!« wundert sich der Schulfreund.
»Da gibt es extra eine Abteilung für Witze?
Wieviel Leute sind denn bei Euch
mit Witzen beschäftigt?«
»So etwa hundertzwanzig.«
»Das gibt's doch gar nicht!«
empört sich der Freund. »Da sitzen
hundertzwanzig Mann rum und erfinden Witze,
während wir jeden
für die Planerfüllung brauchen ...«
»Siehste, dieser Witz ist auch von uns!«

– Was ist denn das?
   Kommen da ein Paar
   Scheibenwischer allein
   auf der Autobahn angebraust ...
– Das ist ein Trabi ohne Extras.

Der neue Wartburg hat den zweiten Platz
im Windkanaltest belegt.
Der erste Platz
ging an die Schrankwand »Karat«.
(1988)

Sitzt ein Betriebsdirektor im Haus des ZK
und schüttelt mit dem Kopf.
Tritt Mittag an ihn heran und fragt,
ob er irgendwelche Sorgen habe.
»Ach, Genosse Mittag,
ich verstehe den Plan nicht mehr.«
»Wer hat denn gesagt,
daß du den Plan verstehen sollst?
Du sollst ihn erfüllen.«
(1984)

Frage: Was passiert,
wenn Mittag in die Wüste geschickt wird?
Antwort: Dann wird der Sand knapp.

(1986)

– Wann kommen endlich
  die Reformen in der DDR?
– Das genaue Datum ist noch unbekannt,
  aber die Tageszeit läßt sich schon sagen:
  nach Mittag.

(1988)

Ulbricht
besucht die Feengrotten bei Saalfeld
und probiert das Echo aus.
Er ruft: »Wir haben Weltniveau.«
Tönt es zurück: »Wo, wo, wo?«

(Ende der 60er Jahre)

– Was ist der Unterschied zwischen der
  Einführung von Wissenschaft und Technik
  in der DDR und in Ghana?
– Es gibt gar keinen.

(1979)

– Mama, warum sind denn die Regale
  in den Geschäften so leer?
– Aber mein Kind, die DDR zieht doch um.

(1989)

– Sag mal ein anderes Wort für saure Gurke.
– Banane in den Farben der DDR.

(1989)

**DURCH DIE VERWIRKLICHUNG
DER ÖKONOMISCHEN STRATEGIE
ZU HÖHERER ARBEITSPRODUKTIVITÄT,
EFFEKTIVITÄT UND QUALITÄT!**

(Mailosung)

Ein japanisches Unternehmen
baut das Hotel »Merkur« in Leipzig.
Nach einigen Tagen schon kommt
einer aus der Gruppe der Japaner
traurig auf den DDR-Bauleiter zu,
verbeugt sich, erklärt irgend etwas
und geht dann wieder traurig.
Das wiederholt sich nun täglich,
ohne daß man so recht versteht,
was er überhaupt wollte.
Schließlich bittet man um einen
Dolmetscher. Der klärt alles auf.
Der Japaner bat: »Liebe deutsche Kollegen!
Wir verstehen Eure Unzufriedenheit,
aber wenn Ihr nicht bald mit Eurem
Bummelstreik aufhört,
dann ist die Norm nicht zu schaffen,
und wir müssen wieder zurück.«

(1982)

Der Sozialismus übernimmt von jeder
vorangegangenen Gesellschaftsordnung etwas:
Vom Kapitalismus die Nächstenliebe,
vom Feudalismus die Privilegien,
von der Sklavenhalterordnung
die Kaderpolitik,
von der Urgesellschaft
die Arbeitsproduktivität.

Treffen sich
zwei Schneeflocken über der Ostsee.
Fragt die eine die andere:
»Wo willst denn du hin?« Antwort:
»Nach Schweden.« »Und was machst du da?«
»Winter natürlich! Wo aber willst du hin?«
»In die DDR.«
»Und was machst du da?« »Chaos natürlich!«

Die fünf Feinde
der sozialistischen Volkswirtschaft –
der Imperialismus und Frühling,
Sommer, Herbst und Winter.

Eine Delegation aus der Oberlausitz
spricht bei Erich Honecker vor
und beschwert sich darüber,
daß in der Wortschöpfung
»entwickelte sozialistische Gesellschaft«
kein einziges »R« vorkomme,
das die Oberlausitzer in ihrer Mundart
so tönend rrrollen können.
Ihre Beschwerde wird erhört.
Honecker fragt, welchen Begriff
sie statt dessen vorschlagen würden.
Antwort: »Wirrwarr!«

Die neue Serienmaschine der »Boeing«
stürzt bei jedem Testflug ab.
Die Experten stehen vor einem Rätsel,
denn regelmäßig lösen sich die Tragflächen
bei einer bestimmten Geschwindigkeit
vom Rumpf. Davon erfährt ein DDR-Bürger
und bietet Hilfe an. Er bohrt Löcher
in die Tragflächen, und siehe da,
beim nächsten Testflug geht alles glatt.
Erstaunt wird er gefragt, wie er auf diese
verblüffende technische Lösung gekommen sei,
und er antwortet: »Das ist wie bei
unserem Verpackungsmaterial in der DDR.
Das reißt auch überall,
nur nicht da, wo es perforiert ist.«

– Warum küssen sich die Chefs
 sozialistischer Staaten immer,
 wenn einer den anderen besucht?
– Sie flüstern sich was zu.
– Was denn?
– Küßchen links –
 hast du mir was mitgebracht?
 Küßchen rechts –
 es kann auch aus dem Westen sein.

Es hat sich ein internationales Team zusammen-
gefunden,
um die »Titanic« zu heben. Beteiligt
sind die USA, die Sowjetunion und die DDR.
Nach erfolgreicher Hebung
wird das Geborgene aufgeteilt.
Jeder darf sich etwas aussuchen.
Die USA nehmen den Tresor
mit Gold und Diamanten,
die UdSSR die Maschine, da man am
modernen technischen Know-how
interessiert ist. Die DDR will die Kapelle,
die auf dem Schiff
noch bis zum Untergang gespielt hat.

(1988)

Honecker macht eine Auslandsreise.
Er gibt Stoph drei Aufgaben:
1. Die Ernte muß rein, 2. die Kirchen
sollten sonntags leer sein,
und 3. sollen all die Unzufriedenen
aus dem Straßenbild verschwinden.
Bei seiner Rückkehr wundert er sich sehr,
daß alle Aufgaben erfüllt sind, und fragt:
»Willi, wie hast Du das bloß geschafft?«
»Das war doch ganz einfach«,
hält Stoph ihm entgegen, »1. habe ich
den Bauern das Land zurückgegeben,
2. habe ich Schnitzler in die Kirchen
zum Predigen geschickt und dein Bild
über den Altären aufhängen lassen
und 3. habe ich die Grenzen aufgemacht.«

Worin liegt der Unterschied zwischen Marx,
Lenin, Honecker und Schabowski?
Marx wollte den
Sozialismus für die ganze Welt,
Lenin für Sowjetrußland, Honecker
für die DDR und Schabowski für Berlin.

****

Worin besteht der Unterschied
zwischen Marx, Lenin,
Honecker und Ceaușescu?
Marx
wollte den Sozialismus für die ganze Welt,
Lenin für ein Land,
Honecker für eine Stadt
und Ceaușescu für eine Familie.

In der DDR gibt es drei Entwicklungsstufen
des Sozialismus: den real existierenden
in den Bezirken, die entwickelte
sozialistische Gesellschaft in Berlin
und den Kommunismus in Wandlitz.

Wandlitz = Volvograd = Bonzenhausen

SO WIE WIR HEUTE ARBEITEN, WERDEN WIR MORGEN LEBEN!

Der unterschiedliche Tagesablauf
von Rentnern aus der DDR,
Frankreich und Großbritannien:
Der britische Rentner:
Nimmt sich seine Flasche Whisky
und geht zum Hunderennen.
Der französische Rentner:
Nimmt sich eine Flasche Cognac
und geht zu seiner Freundin.
Der DDR-Rentner:
Nimmt seine Herztropfen
und geht zur Arbeit.

Eine westliche Delegation
besucht vormittags eine Baustelle
in der DDR.
Es ist aber kein Bauarbeiter zu sehen.
Sagt der Begleiter vom ZK,
daß das ganz normal sei,
denn jetzt wäre Frühstückszeit.
Sie kommen gegen Mittag wieder.
Erneut keiner zu sehen.
»Nun«, sagt der Begleiter,
»jetzt essen alle Mittagbrot.«
Am Nachmittag ist aber wiederum
niemand auf der Baustelle anzutreffen.
Begründet das der vom ZK: »Sehen Sie,
das ist wie bei Ihnen – die herrschende Klasse,
sie arbeitet nicht.«

(1978)

Meldet jemand ein Auto an und fragt,
wann er zur Auslieferung kommen könnte.
Auskunft: heute in fünfzehn Jahren,
nachmittags um drei Uhr.
»Oh, das paßt aber schlecht,
da habe ich schon den Klempner bestellt.«

Honecker und Mittag begeben sich doch
tatsächlich mal auf Inspektion durchs Land.
Zuerst besuchen sie einen Kindergarten.
Die Kindergärtnerin äußert
den hohen Gästen gegenüber den Wunsch
nach einem Planschbecken
für die Kinder im Werte von 1000 Mark.
Man nimmt es reserviert entgegen
und sagt Prüfung zu. Draußen
aber meint Mittag zu Honecker:
»Das ist schon abgelehnt. Es kann
nicht überall investiert werden.«
Am nächsten Tag
besuchen sie ein Gefängnis. Der Direktor
fragt an, ob man nicht eine Schwimmhalle
für 2 Millionen Mark, mit Sauna
für 250 000 Mark,
und eine zweite Kantine bekommen könnte.

Mittag stimmt sofort zu.
Draußen fragt Honecker: »Warum lehnst du
denn dem Kindergarten das Planschbecken ab
und stimmst den Wünschen
des Gefängnisdirektors zu?«
Darauf Mittag: »Glaubst du,
wenn die Perestroika zu uns kommt,
werden wir in einen Kindergarten gesteckt?«

(1988)

Stellt einer den Ausreiseantrag.
Auf die Frage,
wohin er denn ausreisen wolle,
antwortet er: »In das Land,
über das immer so viel im ND steht.«

(1987)

Spruch (stand mit Kreide geschrieben
auf dem Sockel des Reiterstandbildes
Friedrich II., Unter den Linden):
    Lieber guter Friederich
    komm runter und regiere mich.
    In diesen schweren Zeiten
    laß lieber Erich reiten.

****

40 JAHRE DDR – ALLES MIT DEM VOLK, ALLES DURCH DAS VOLK, ALLES FÜR DAS VOLK!

Unterhalten sich ein DDR-Bürger
und einer aus der BRD.
Wundert sich der aus der BRD,
warum in der DDR immer Honecker
gewählt wird.
»Ich verdiene einen Haufen gutes Geld.«
»Ich nicht.«
»Ich kann reisen, wohin ich will.«
»Ich nicht.«
»Ich fahre einen Mercedes.«
»Ich nicht. Aber jetzt will ich dir
mal drei Fragen stellen.
Kannst du zur Arbeit kommen
und wieder gehen, wann es dir gefällt?«
»Nein.«
»Kannst du aus dem Betrieb mitnehmen,
was du gebrauchen kannst?«
»Nein.«
»Kannst du mir sagen,
warum ich nicht Honecker wählen sollte?«

Ulbricht bezieht das Staatsratsgebäude
und schaut aus dem Fenster.
Unten wird noch gearbeitet.
Ein Bauarbeiter schippt gerade
ein Loch zu. Aber es ist mehr Erde übrig,
als in die Grube hineinpaßt.
Da ruft Ulbricht ihm zu:
»Buddel doch noch eine Grube
und schippe den Sand dort rein!«
(1966)

Ein neues DDR-Emblem wird entworfen.
Das Wappentier soll ein Nilpferd werden.
Es steht bis zum Hals im Wasser
und reißt doch das Maul auf.
(1987)

Aus dem SED-Parteiabzeichen
sollen die Hände herausgenommen werden.
Es wird jede Hand
in der Produktion gebraucht.
Dafür soll ein Eichhörnchen aufgenommen
werden –
um die harten Nüsse zu knacken.

(1988)

(Einer anderen Variante zufolge
sollten die Hände im Emblem bleiben,
nur eine Dusche sollte über ihnen
sichtbar angebracht werden –
eine Hand wäscht die andere.)

Honecker kommt
von seiner Reise nach China, Nord-Korea
und in die Mongolei zurück.
Er hat viel gelernt:
- In China, daß man die Mauer
  noch höher bauen kann;
- in Korea, daß man sich
  noch triumphaler feiern lassen kann;
- in der Mongolei, daß es möglich ist,
  die Leute außerhalb der Hauptstadt
  auch in Zelten wohnen zu lassen.

(1986)

Honecker
kommt von seinem BRD-Besuch zurück.
Er wird von Stoph gefragt, wie's war.
Antwort: »Wie bei uns –
für Westgeld bekommst du da alles.«

(1986)

In der DDR wurde Ende der sechziger Jahre
eine neue Maßeinheit eingeführt – ein Ulb!
Ein Ulb ist die Zeit, die ein DDR-Bürger
im Durchschnitt braucht,
um aus seinem Sessel aufzustehen,
zum Fernseher zu gehen und umzuschalten,
wenn Ulbricht spricht.
– Was ist ein Hundertstel Ulb?
– Ein Schnitz.

Schnitzler geht im Wald spazieren
und verläuft sich aus Mangel
an Orientierungsvermögen.
Schließlich kommt er an eine kleine Hütte
und klopft an. Ihm öffnet ein kleiner Junge,
der ihn aber nicht reinlassen will,
weil er ihn nicht kennt.
»Aber du mußt mich doch kennen«,
sagt Schnitzler,
»ich komme doch abends oft im Fernsehen.«
Dreht sich der Junge um und ruft ins Haus:
»Vati, komm mal schnell,
der Sandmann ist da!«

Im Staatsbürgerkundeunterricht
wird Fritzchen
nach dem wichtigsten Grundsatz
in der DDR gefragt. Er antwortet:
»Im Mittelpunkt steht der Mensch!«
»Gut«, sagt der Lehrer,
»das gibt eine Zwei.«
Darauf Fritzchen: »Für eine Eins
kann ich ihnen auch seinen Namen nennen.«
(1988)

Die Ablösung der Marktwirtschaft
durch die Planwirtschaft ist die Ablösung
der Anarchie durch den Irrtum.
(1983)

Ein Grand-Hotel
gab es auch schon früher in Berlin.
Was ist der Unterschied
zwischen dem alten und dem neuen?
Früher hat die hier herrschende Klasse
von drinnen rausgeschaut,
und heute guckt sie rein.
(1987)

- Was macht ein DDR-Bürger,
  wenn er eine Schlange sieht?
- Er stellt sich an.

- Sind unsere führenden Genossen
  Wissenschaftler oder Politiker?
- Natürlich Politiker!
  Wissenschaftler machen ihre Experimente
  doch mit weißen Mäusen.

(1988)

- Warum
  fahren die Mitglieder des Politbüros
  nicht mehr mit dem Zug?
- Weil sie auf jedem Bahnhof hören würden:
  »Zurücktreten bitte!«

(1989)

»Hast du schon gehört, die DDR kann
10 Milliarden West-Mark Kredit bekommen.
Es gibt nur zwei Bedingungen:
10 Bäcker verhaften
und Erich Honecker auf Mindestrente setzen.«
»Was haben denn die zehn Bäcker
damit zu tun?«
»Typisch ... und was aus Honecker wird,
scheint dir ganz egal zu sein.«
(1988)

Der Bäcker von Wandlitz wurde entlassen.
Er hatte zuviel Reformbrot gebacken.
(1989)

»Honecker soll mal wieder in die BRD fahren.«
»Aber, was will er denn schon wieder da?«
»Sein Volk besuchen.«
(Herbst 1989)

Honeckers Butler soll entlassen worden sein. Er fragte ihn immer zum Kaffee: »Darf ich nach Gießen?«

(Herbst 1989)

– Warum kann man im ND
  zwischen deh Zeilen nichts lesen?
– Weil auch zwischen den Zeilen
  nichts steht.

(1988)

Unter den Linden kollidieren ein VW-Golf
und ein Mercedes aus Westberlin
mit einem DDR-Trabi.
Steigt der Mercedes-Fahrer aus,
besieht sich den Schaden am Scheinwerfer
und schimpft, daß ihn das
mindestens hundert D-Mark kosten würde.
Der VW-Fahrer schüttelt den Kopf
über die Beule an der Motorhaube.
Das werde so an die 500 D-Mark kosten.
Der Trabi-Fahrer ist ganz verzweifelt,
Karosserie kaputt, Motorhaube
zum Wegschmeißen, Scheinwerfer im Eimer
und sogar die Achsen angeknackst.
Das wieder hinzukriegen wird dauern
und die Kosten erst, an die fünftausend ...
Da versuchen ihn
die beiden anderen zu trösten. Sie klopfen
ihm auf die Schulter und sagen:
»Ein bißchen leichtsinnig bist du ja auch.
Was kaufst du dir so ein teures Auto ...«

(1987)

Ein amerikanischer Millionär
steigt in Leipzig ab. Im Hotel
will er eine Bestellung zum Frühstück
abgeben. Der Oberkellner bietet
ihm selbstsicher an, der Gast könne
hier alles bekommen, was sein Herz begehre.
Das bezweifelt der Amerikaner,
und so wetten sie um hundert Dollar.
Um sicherzugehen, bestellt der Millionär
sich gebratenes Elefantenohr mit Zwiebeln.
Am nächsten Morgen
schaut er aus dem Fenster und sieht unten
einen Elefanten vor dem Hotel stehen –
mit einem dicken Kopfverband.
Okay, sagt sich der Amerikaner,
haben sie's doch gepackt,
und zückt hundert Dollar, aber da kommt
ihm der Kellner entgegen und hat
ebenfalls schon hundert Dollar in der Hand.
»Wieso das?« fragt der Gast.
»Sie haben doch das Elefantenohr.«
»Das schon«, bekennt der Kellner,
»aber Zwiebeln waren nicht aufzutreiben.«
(1979)

Was ist der Unterschied zwischen
der sozialistischen
und der kapitalistischen Hölle?
In der kapitalistischen wird man gekocht.
In der sozialistischen Hölle
wird man auch gekocht, nur mal haben sie
kein Feuer, mal kein Wasser
und mal ist der Kessel kaputt.

(1980)

Ein Ehepaar geht am Haus der Ministerien
vorbei spazieren.
Fragt die Frau den Mann:
»Ich möchte mal wissen, wie viele
hier drinnen wohl arbeiten werden.«
Sagt der Mann abschätzend: »Na, wenn's
hoch kommt, vielleicht die Hälfte.«

(1970)

> **DIE PARTEI ...... DIE PARTEI .....**
> **DIE HAT IMMER RECHT .....**
>
> (Louis Fürnberg)

Es soll neue SED-Parteiabzeichen geben.
Eckige.
Damit endlich die ständige Eierei aufhört.

Tagesordnung
auf dem XII. Parteitag der SED (Entwurf)
1. Hereintragen des Präsidiums
2. Gemeinsames Einschalten
   der Herzschrittmacher
3. Gemeinsames Singen des Liedes
   »Wir sind die junge Garde«

»Kennst du den Witz,
in dem das Politbüro zurücktritt?«
»Nein. Erzähl mal!«
»Ich kenne ihn auch nicht,
fängt aber gut an, was?«

– Was ist der Unterschied
  zwischen einer Waschmaschine
  und dem Politbüro?
– Die Waschmaschine kann man entkalken.

– Was ist das? Es hat eine Länge
von 24 Metern und ist zahnlos.
– ?
– Das Präsidium des Parteitages.

(1986)

Wie aus für gewöhnlich gut informierten
Kreisen der DDR-Hauptstadt bekannt wurde,
soll das 8. Plenum des ZK beschlossen
haben, für den XII. Parteitag der SED,
der für 1990 gedacht war,
die beliebten Spaßfiguren Alf und Kermet
(Muppet-Show) einzuladen.
Alf sollte den Rechenschaftsbericht
unter dem Motto »Null Problemo« halten,
und Kermet sollte mit »Applaus! Applaus!«
für die rechte sachliche
und konstruktive Stimmung sorgen.

(1989)

Losung nach dem X. Parteitag der SED:
Alles wird schöner, nichts wird besser!
Losung nach dem XI. Parteitag:
Alles wird besser, nichts wird gut!

★★★★★★★★★★★★★★★★★★★★★★★★★★★★★★★★★★★★★★★

DDR-spezifische Schlagertext-Umdichtung:
»Zwei Apfelsinen im Jahr
und zum Parteitag Bananen ...«
(1970)

Ein Genosse bekam ein Parteiverfahren,
nachdem er von seinem Parteisekretär
nach dem Plenum aufgefordert worden war,
das Bild von dem Versager abzunehmen.
Er fragte doch – von welchem Versager?
Ein anderer Genosse bekam sein Verfahren,
nachdem er auf die Frage, warum er nicht
zur letzten Parteiversammlung gekommen
wäre,
geantwortet hatte: »Entschuldigt, bitte.
Wenn ich gewußt hätte, daß es
die letzte ist, wäre ich doch gekommen.«

Der liebe Gott empfängt Gorbatschow,
Reagan und Honecker, um ihnen mitzuteilen,
daß er mit der Welt Schluß machen wolle.
Die Menschen würden doch nicht
klug werden, und so hätte es keinen Zweck.
Ein Jahr würde er allen noch Zeit geben,

sich auf den Weltuntergang vorzubereiten.
Gorbatschow wertet die Begegnung vor dem
Obersten Sowjet kritisch aus und sagt,
er habe zwei schlechte Nachrichten.
Erstens gäbe es den lieben Gott
tatsächlich, was die KPdSU
stets bestritten hätte,
und zweitens bliebe keine Zeit mehr,
die Perestroika zu verwirklichen.
Reagan erklärt vor dem Kongreß, daß er
eine gute und eine schlechte Nachricht
für die Amerikaner habe. Die gute wäre,
daß Gott in der Tat existiere.
Die schlechte sei, daß er aber den USA
keine Zeit mehr lasse,
SDI zu verwirklichen.
Honecker verkündet
vor den 1. Kreissekretären, es gebe drei
gute Nachrichten: 1. die Kirchenpolitik
der Partei habe sich bewährt und werde
auch vom lieben Gott persönlich anerkannt,
2. die DDR könne mit erfüllten Plänen
dem Weltuntergang entgegengehen,
und 3. Glasnost und Perestroika
kämen nicht mehr in die DDR.

(1987)

****

Ein Genosse wendet sich mit schlechtem
Gewissen an den Generalsekretär und fragt
an, ob ein überzeugter SED-Funktionär den
Namen Gottes im Munde führen dürfe,
zum Beispiel in solchen Wendungen wie
»Gott sei Dank!« oder »Oh, Gott!«.
Er bekommt zur Antwort:
»Um Gottes willen, nein!«
(1980)

Stoph und Sindermann unterhalten
sich darüber, daß jeder dritte DDR-Bürger
kriminell sei. Als Honecker hinzutritt,
schauen sie ihn vorwurfsvoll an und sagen:
»Aber Erich,
das hätten wir nicht von dir gedacht.«
(1985)

Honecker zeigt bei einem Besuch
seiner Schwester vor,
was er so alles besitzt: Citröen,
Grundstück, Jagdgebiet usw. Sie aber
schüttelt nur sorgenvoll den Kopf
und fragt zweifelnd: »Und du hast
gar keine Angst, daß dir die Kommunisten
das alles mal eines Tages wegnehmen könnten?«

(1987)

— Was macht Honecker, wenn er abends
  ins Schlafzimmer geht?
— Er ruft
  seinen persönlichen Mitarbeiter,
  winkt in den Spiegel und liest
  von einem Zettel ab: »Liebe Margot!
  Ich wünsche dir eine gute Nacht!«

(1988)

— Warum soll Ulbricht
  denn nicht in den Himmel gekommen sein?
— Er hat doch Himmelfahrt abgeschafft.

(1973)

****

Als Honecker 1971
sein Arbeitszimmer im ZK bezog,
fand er auf dem Schreibtisch einen Zettel
von Walter Ulbricht. Darauf stand:
»Wenn Du Probleme haben solltest,
schau in die linke untere Schublade. Dort
liegen drei Briefe mit guten Ratschlägen.«
Nach fünf Jahren hatten Energiekrise,
KSZE und Biermanns Songs
Erichs Enthusiasmus arg strapaziert,
und er nahm sich das erste Kuvert.
Stand im ersten Brief von Walter:
»Lieber Erich! Mach Exquisit-
und Delikat-Läden in großem Stil auf,
und die Bürger werden Ruhe geben.«
Gesagt, getan ... Aber dann kamen Vorwürfe
von wegen Menschenrechtsverletzungen,
es kamen die Pershings und schwere Winter,
so daß Honecker
zum zweiten Umschlag griff.
Im zweiten Brief hatte ihm sein Vorgänger
geschrieben: »Lieber Erich! Jetzt mußt
du das Intershop-System flächendeckend
über die DDR ausbreiten.«
Tatsächlich zieht wieder etwas Ruhe ein.
Als aber Gorbatschow 1985 mit der Perestroika

beginnt, weiß sich Erich nicht mehr anders
zu helfen, als auch den dritten Brief
zu öffnen. Darin steht: »Lieber Erich!
Schreibe drei Briefe...«

(1986)

Zwei Haie treffen sich.
1. Hai: »Mir ist so schlecht. Ich habe
einen General gefressen. Lauter Orden
und Spangen, und die pieken so...«
2. Hai: »Ich hatte dagegen Glück. Ich habe
einen Funktionär gefressen.
Keine Knochen, kein Rückgrat,
nur ein fetter Arsch...«

(Ende der 70er)

Ein Professor für sozialistische Moral
und Ethik wird eines Tages von
seinen Studenten in einer üblen Spelunke
gesehen, halbbesoffen, links und rechts
leicht geschürzte Mädchen auf den Knien
und über politische Witze lachend ...
Erschüttert fragt ihn ein Student
am nächsten Morgen vor der Vorlesung, wie
der Genosse Professor dieses vereinbaren
könne: die Begründung
der sozialistischen Moral auf der einen
und die Praktizierung der Unmoral
auf der anderen Seite ...
Antwortet der Professor:
»Lieber junger Freund. Seh'n Sie mal,
ein Wegweiser, zum Beispiel, der kann
den Weg auch nur weisen.
Er kann ihn nicht selbst gehen.«

Kohl brüstete sich während
Honeckers Besuch 1987 in Bonn damit,
daß er nur kluge Leute um sich habe.
Honecker glaubte ihm natürlich nicht.
Um seine Aussage zu beweisen, fragte Kohl
überraschend bei Tische Genscher:
»Es ist nicht mein Bruder und auch nicht
meine Schwester, aber trotzdem das Kind
meiner Eltern, wer ist das?« Ohne
aufzublicken sagte Genscher sofort dazu:
»Du natürlich.« Das imponierte dem DDR-Chef
nun doch. Wieder zurückgekehrt versuchte
er den gleichen Test mit Willi Stoph:
»Es ist nicht mein Bruder und nicht
meine Schwester, aber trotzdem das Kind
meiner Eltern, wer ist das?«
Stoph dachte eine Weile angestrengt nach
und schlug dann vor, Mielke
mit dieser Aufgabe zu betrauen.
»Unsinn«,
sagte Honecker, »das ist Kohl natürlich!«
(1986)

Steh'n zwei Funktionäre im Haus des ZK
am Fenster und schauen hinaus auf den
Parkplatz. Sagt der eine zum anderen:
»Ein Glück, daß es heute regnet!«
»Wieso ein Glück?«
fragt der andere zurück.
»Mein Vater hat mir gesagt,
eines schönen Tages
wird das hier sowieso zusammenbrechen.«
(1989)

Mein Lieblingswitz:

(Es können auch mehrere sein!)

_____

_____

_____

_____

_____

_____

_____

Abs.:

_____

_____

_____

Unsere Adresse:

Reiher Verlag GmbH
Kennwort: Sponti-Sprüche
Wallstraße 76–79
Berlin
1020

Wir sammeln weiter! Bitte schickt uns Eure Sponti-Sprüche!